Gerau

Chris Ollerenshaw a Pat Triggs
Ffotograffau gan Peter J Millard

Cynnwys

Teganau difyr 2
Olwynion yn troi olwynion 4
Cysylltiadau 6
Gyriant belt 8
Olwynion cyswllt 10
Olwynion sy'n cyffwrdd 12
Mae dannedd ar olwynion gêr 14
Cysylltiadau a chyfeiriadau 16
Gwahanol faint, gwahanol gyflymder? 18
Beth rydych chi wedi'i ddarganfod? 20
Gwneud gwaith yn haws 22
Gerau gwastad ac unionsyth 24
Defnyddio gerau'n ddiogel 27
Gwneud model o hofrennydd 28
Mynegai 29
Glasbrint 30
Nodiadau i athrawon a rhieni 32

Ivan Corbett • Penryn

Teganau Difyr

Ydych chi wedi edrych ar eich hen deganau yn ddiweddar? Sawl un ohonynt sydd ag olwynion?

Mae gan lawer tegan olwynion. Mae rhai'n edrych fel pethau a welwn bob dydd, ac eraill yn gwbl ddieithr. Faint o olwynion sydd ar y car rasio hwn?

Wnaethoch chi feddwl yn unig am yr olwynion y mae'n rhedeg arnynt? Beth am yr olwynion y tu mewn i'r car rasio? Beth yw eu diben nhw?

Pan fydd yr olwynion hynny'n symud, bydd y car rasio'n symud. 'Olwynion gêr' yw'r enw ar yr olwynion y tu mewn.

Olwynion yn troi olwynion

Mewn llawer peth nad yw'n rhedeg ar olwynion, cewch olwynion gêr sy'n eu helpu i weithio.

◀ Mae'r rhain yn helpu'r dril i droi.

▶ Mae'r rhain yn helpu'r curyddion i droi.

▼ Mae'r rhain yn helpu bysedd y cloc i symud.

Beth arall sydd ag olwynion gêr ynddo?

Sut mae olwyn gêr yn gweithio? Bydd un olwyn yn helpu olwyn arall i droi. Allwch chi weld bod yr olwynion yn y car rasio wedi eu cysylltu â'i gilydd?

Os na chaiff olwynion gêr eu cysylltu, ni allant weithio. Mae gwahanol ffyrdd o'u cysylltu â'i gilydd.

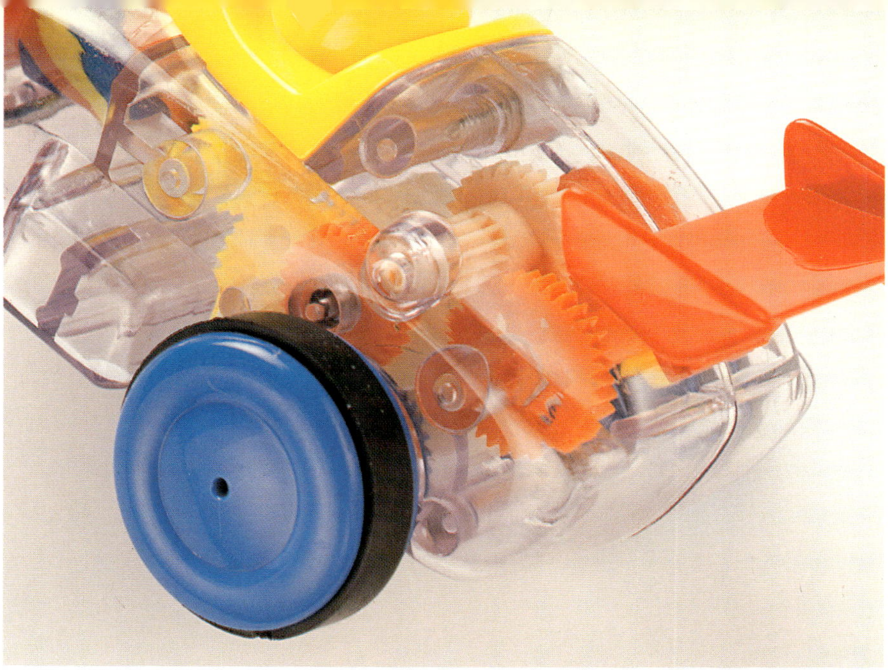

Allwch CHI wneud i un olwyn droi un arall? Os mai dyma'ch cynnig cyntaf, mae'n debyg y bydd yn haws ichi os dewiswch y rhain:
darn o bren â hoelion ynddo
dwy rilen gotwm
bandiau rwber

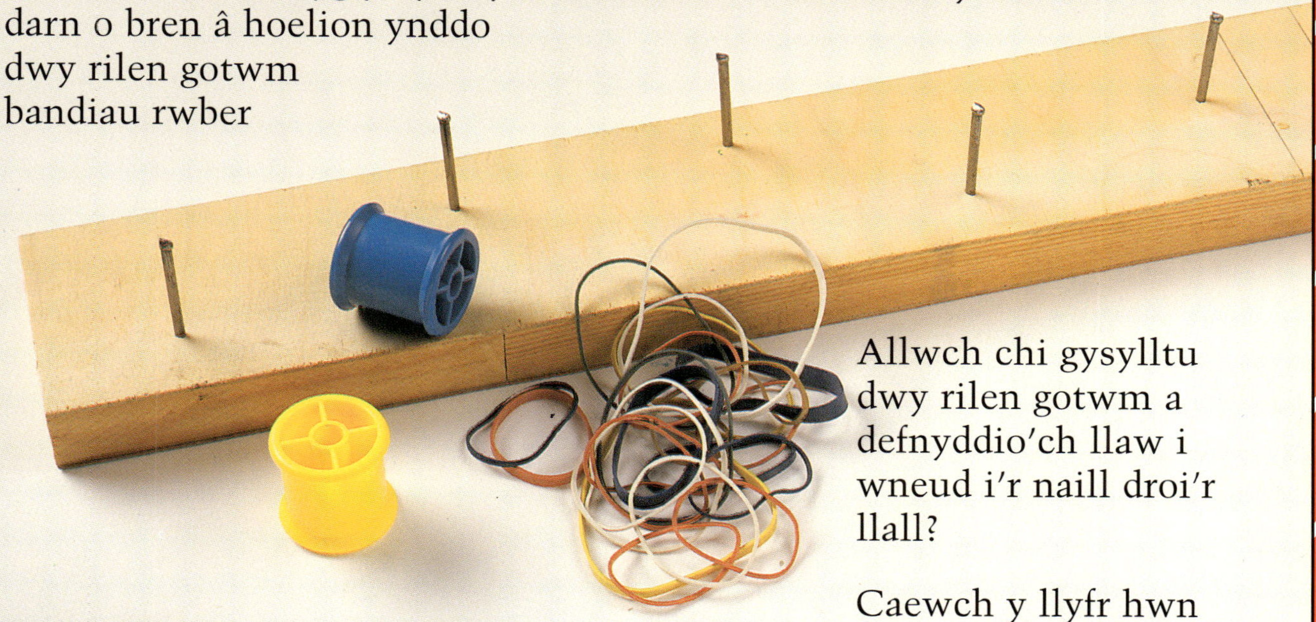

Allwch chi gysylltu dwy rilen gotwm a defnyddio'ch llaw i wneud i'r naill droi'r llall?

Caewch y llyfr hwn cyn rhoi cynnig arni. Yna, dewch yn ôl.

(Byddwch yn ofalus os mai chi fydd yn taro'r hoelion i'r pren.)

Cysylltiadau

Sut hwyl gawsoch chi? Wnaeth rhai o'r bandiau rwber droi'r rilenni cotwm yn well na'i gilydd? Pa fath o fand oedd orau? Pam?

Yr enw ar y rilen gotwm rydych chi'n ei throi â'ch llaw yw'r OLWYN YRRU. Dyna'r olwyn sy'n cychwyn y symudiad.

Allwch chi weld sut y gallai eich OLWYN YRRU droi mwy nag un rilen gotwm? Faint rhagor o rilenni cotwm y gallwch eu cysylltu â'i gilydd i droi pan fyddwch yn troi'r olwyn yrru? Meddyliwch am hynny a rhoi cynnig arni. [Gair i gall. Ychwanegwch fand rwber arall bob tro yr ychwanegwch rilen gotwm arall.]

Ar ôl cael eich rilenni cotwm i symud, gwnewch lun ohonynt. Rhowch saethau ar eich llun i ddangos i ba gyfeiriad y mae pob rilen gotwm yn symud. (Cadwch y llun. Bydd arnoch ei angen yn nes ymlaen.)

GYRIANT BELT sy'n gyrru'r gadwyn o rilenni cotwm rydych chi newydd ei gwneud. Caiff yr enw hwnnw oherwydd y ffordd y cysylltwyd y rilenni cotwm â'i gilydd i wneud iddynt symud. Gwnaethoch ddefnyddio bandiau rwber fel belt.

Gyriant belt

Gyriant belt sy'n helpu'r felin wynt hon i symud. Prin yw'r teganau â gyriant belt. Mae'n hawdd torri neu golli'r beltiau. Gallant lithro neu dasgu o'u lle.

Weithiau, cewch yriant belt mewn pethau cyffredin. Mae i'w gael mewn hen sugnyddion llwch. Gallwch ei weld ym mheiriannau rhai ceir hefyd. Allwch chi ddod o hyd i unrhyw degan neu beiriant arall sy'n defnyddio gyriant belt? Ydy'r beltiau yn y peiriannau hynny'n debyg mewn unrhyw ffordd i'r bandiau rwber y gwnaethoch chi eu defnyddio?

Gwnewch gasgliad o ddefnyddiau a fyddai'n gwneud beltiau da. Sut mae'r defnyddiau a ddewisoch yn debyg i'w gilydd? Beth fyddai'r pethau PWYSICAF i chwilio amdanynt mewn unrhyw ddefnydd y byddech yn ei gynnwys mewn gyriant belt? Drwy ystyried nodweddion pob defnydd, gallwch benderfynu p'un fydd yn felt addas.

Olwynion cyswllt

Tynnwyd y llun hwn mewn amgueddfa fferm. Mae'n dangos gyriant belt yn cysylltu injan yrru (ar ochr dde'r llun) ag injan dyrnu ŷd.

Dyma'r peiriannau y byddai pobl yn eu defnyddio ganrif yn ôl. Cyn iddynt gael eu dyfeisio, byddai'n rhaid i bobl guro tywysennau ŷd ar lawr caled i gael y grawn ohonynt. Gwaith hir a blinderus dros ben.

Ar ffermydd modern, y combein sy'n gwneud gwaith yr hen injans tynnu a dyrnu. Bydd hefyd yn torri a rhwymo. Y tu mewn i'r combein mae olwynion i'w helpu i weithio, ond nid oes beltiau'n cysylltu'r olwynion.

Pa ffyrdd eraill sydd o gysylltu olwynion i wneud gerau? Edrychwch eto ar y car rasio, y dril a'r curydd. Edrychwch ar y lluniau hyn o'r gerau mewn craen (uchod) ac ar loc camlas (chwith). Allwch chi weld bod y gerau yn y peiriannau yn cyffwrdd â'i gilydd yn uniongyrchol?

Olwynion sy'n cyffwrdd

Allwch chi wneud i un olwyn droi olwyn arall sy'n cyffwrdd â hi?

Casglwch gloriau jariau. Rhowch ddau glawr ar ddarn o gerdyn a'r naill yn prin gyffwrdd y llall. Trowch un ohonynt i weld beth sy'n digwydd.

Ewch ati i gasglu gwahanol ddefnyddiau. Torrwch stribedi fydd yn ffitio o amgylch ymylon y cloriau. Oes gwahaniaeth yn y ffordd y bydd y cloriau'n troi wrth ichi roi cynnig ar ddefnyddio pob defnydd yn ei dro?

Ydy unrhyw un o'r defnyddiau'n gwneud i'r cloriau lithro wrth iddynt droi, gan ei gwneud hi'n anodd i'r naill droi'r llall? Pa ddefnyddiau sy'n gadael i'r cloriau gael gafael dda ar ei gilydd a throi'n rhwydd?

Mae dannedd ar olwynion gêr

Wnaethoch chi ddewis cloriau llyfn neu rai ag ymylon garw neu linellog? Oedd rhai'n gafael yn ei gilydd ac yn troi'n haws na'i gilydd?

Mae'r arwyneb gorau yn gadael i'r olwynion gloi i'w gilydd wrth droi. Rhowch gynnig arni.

Casglwch rai cloriau dwfn a rhai stribedi o bapur rhychiog. Glynwch y stribedi ar y cloriau. Ydyn nhw'n troi ei gilydd yn dda?

Os ydych wedi gwasgu'r llinellau yn y papur neu heb gysylltu'r cloriau'n gadarn, mae'n bosibl na fyddant yn troi'n iawn.

Fel rheol, bydd dannedd gan olwynion gêr fel y rhain. Bydd y dannedd yn gweithio fel rhychau yn y papur rhychiog. Os caiff y dannedd eu difrodi, fydd yr olwynion gêr ddim yn gweithio'n iawn.

Cysylltiadau a chyfeiriadau

Edrychwch eto ar yr olwynion sy'n cyffwrdd â'i gilydd. I ba gyfeiriad y maen nhw'n symud? Gwnewch lun ohonynt a rhowch saethau i ddangos y cyfeiriad.

Ydy'r olwynion hyn yn symud i'r un cyfeiriad â'r rhai y gwnaethoch eu cysylltu â gyriant belt? (Edrychwch ar eich llun o'r rilenni cotwm.) Bydd olwynion yn symud i wahanol gyfeiriadau yn ôl sut y maent wedi eu cysylltu â'i gilydd.

Gwnewch yriant belt arall â rilenni cotwm. Y tro hwn trowch y band iddo groesi rhwng y rilenni cotwm. Trowch yr olwyn yrru. Beth sy'n digwydd? Gwnewch lun arall i ddangos pa ffordd y mae'r rilenni'n troi. Erbyn hyn, mae gennych dri diagram sy'n dangos sut mae eich gwahanol setiau o olwynion yn troi. Sylwoch chi ar rywbeth?

Gwahanol faint, gwahanol gyflymder?

Edrychwch eto ar yr injans dyrnu a gyrru. Mae belt yn cysylltu'r olwyn yrru ar yr injan yrru â'r olwyn fach ar yr injan ddyrnu.

Pa wahaniaeth mae cysylltu olwyn fawr ag olwyn fach yn ei wneud?

I gael yr ateb, casglwch ddau glawr jar gwahanol eu maint a'u glynu â ffasneri papur ar ddarn o gardbord neu hen flwch grawnfwyd. Rhowch y ffasneri yn union drwy ganol pob clawr. Defnyddiwch fandiau rwber i wneud i'r naill olwyn droi'r llall. Ydy'r ddwy'n troi yr un mor gyflym?

I gael yr ateb, rhowch farc bach ar ymyl pob clawr. Rhowch y marciau hynny i orwedd ar linell gychwyn ar eich blwch. Trowch y clawr mawr unwaith, tan i'r marc gyrraedd y llinell gychwyn unwaith eto. Sawl tro wnaeth yr olwyn fach droi?

Trowch y clawr bach un tro cyfan. Ydy'r olwyn fawr wedi troi tro cyfan?

Beth rydych chi wedi'i ddarganfod?

Bydd olwynion gêr yn helpu pethau i symud. Gall olwynion gêr symud i gyfeiriadau gwahanol yn ôl sut y cânt eu cysylltu. Gallant fod yn wahanol eu maint. Bydd olwynion gêr sydd o faint gwahanol yn troi nifer gwahanol o weithiau.

Dyna pam y gallwn ni ddefnyddio gerau i hwyluso gwaith. Ydych chi'n cofio sut y byddai'r olwynion yn helpu i ddyrnu'r ŷd?

Caiff yr olwyn Ferris anferth hon (yn y prif lun) ei symud drwy droi'r olwynion bach (yn y llun bach.)

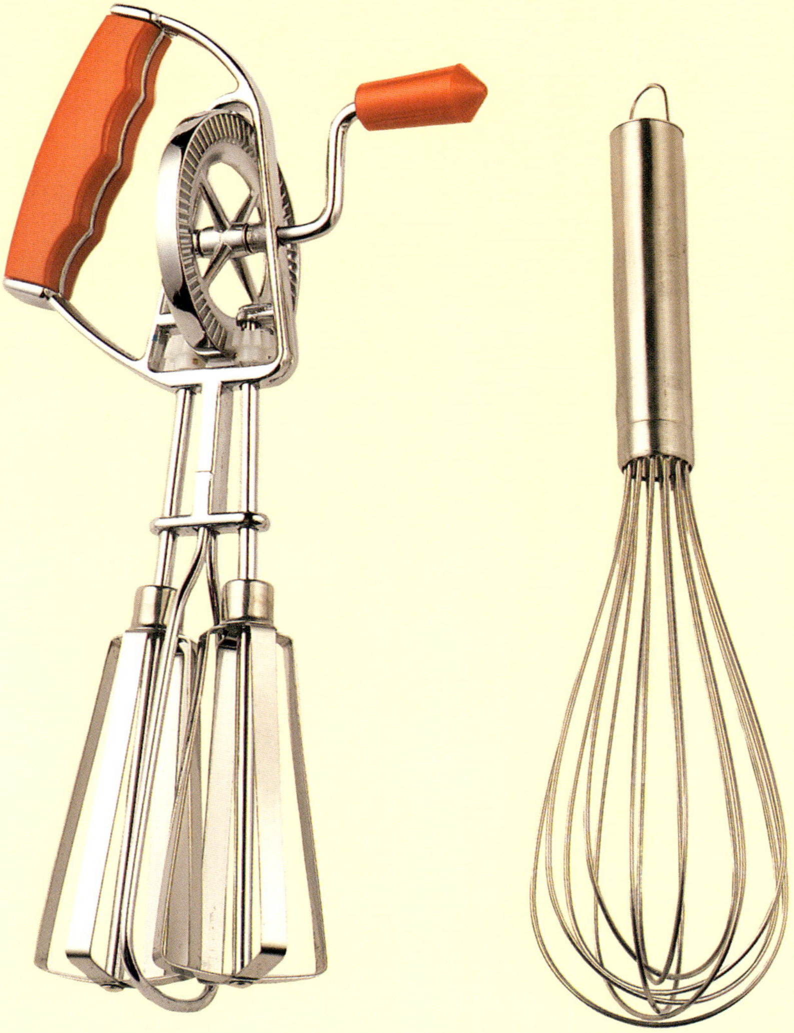

Dyma ddau gurydd cegin. P'un ohonynt fydd yn eich helpu i guro gwynnwy gyflymaf?

Rhowch gynnig arni. Sut mae gwneud yn siŵr ei fod yn brawf teg?

Gwneud gwaith yn haws

Sut hwyl gawsoch chi? Y curydd cylchdro oedd gyflymaf – ac ni wnaeth eich brifo cymaint. Pam roedd yn gweithio'n well? Astudiwch yr hyn a ddigwyddodd eto.

Bydd y curydd llaw yn symud yr un mor gyflym â'ch llaw. Bydd y curydd cylchdro'n curo'n gynt na'ch llaw am fod gerau ynddo.

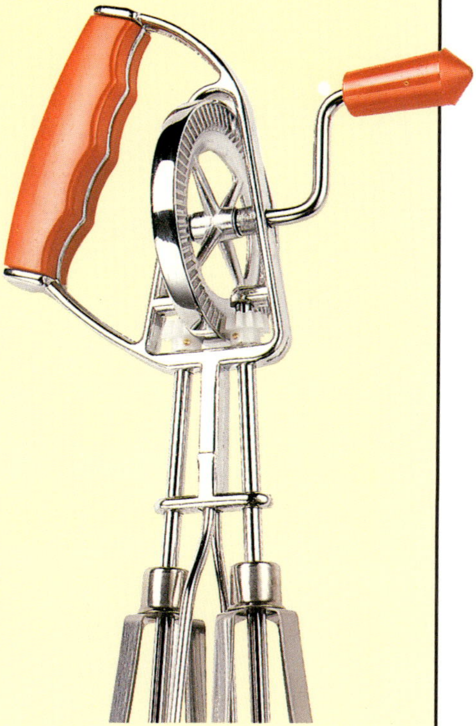

Wrth i'ch llaw droi'r olwyn yrru unwaith, roedd yr olwynion bach fel y rhai plastig gwyn hyn yn troi sawl gwaith. Felly, roeddech yn curo'r gwynnwy'n gynt ac roedd y gwaith yn haws.

Beth arall rydych chi wedi ei ddarganfod ynglŷn â gerau?

Gallwn eu defnyddio i symud llwythi trwm ac i arbed amser.

Bydd pob gêr yn gwneud gwaith yn haws. Sut mae gerau'n helpu beic fel hwn i weithio?

Gerau gwastad ac unionsyth

Dyma hofrennydd. I wneud i'r llafnau droi, rhaid gwthio'r hofrennydd ar hyd y llawr.

Gerau sy'n cysylltu olwynion yr hofrennydd â'r llafnau.

Sylwoch chi fod y naill olwyn gêr yn unionsyth a'r llall yn wastad?

Allwch chi wneud i gêr gwastad neu lorweddol droi olwyn unionsyth neu fertigol? Y gamp yw rhoi dannedd y gerau yn y lle cywir i gyd-gloi.

Allwch chi weld sut mae'r olwynion gêr yn y felin ddŵr hon yn troi ei gilydd? Mae'n ddefnyddiol gallu troi'r symudiad o'r fertigol i'r llorweddol. Trowch yn ôl at y lluniau o'r curydd cylchdro a'r dril.

Defnyddio gerau'n ddiogel

Mewn llawer peiriant caiff y gerau eu cuddio o'r golwg i'w cadw nhw'n ddiogel rhag difrod ac i'n cadw ni rhag niwed.

Allwch chi roi gerau mewn blwch?
Dyma rai syniadau i'ch helpu.

Gallwch ddefnyddio'r mecanwaith hwn i wneud chwirligwgan neu hofrennydd, neu beiriant rydych chi wedi ei gynllunio'ch hun.

Model o hofrennydd

Bydd y glasbrint ar dudalennau 30 a 31 yn eich helpu i wneud hofrennydd fel hwn. Defnyddiwch y cynlluniau i adeiladu'r corff allanol. Yna, gallwch gynllunio a gwneud y gerau sydd i'w gosod ynddo a gwneud iddo weithio. Gallwch wneud y gerau o sbwriel neu gerdyn a phren. Ond gwnewch yn siŵr fod digon o le iddynt yn eich model!

Mynegai

beic 23

ceir 2, 3, 5, 8, 11
cloc 4
combein 10
craen 11
cyfeiriad 16, 17, 20
cyflymdra 19, 22

dannedd gêr 15, 25
defnyddiau 9, 13
diogelwch 27
dril 4, 11, 26

glasbrint 28, 30, 31
gyriant belt 7, 8, 9, 10, 17, 18, 20

hofrennydd 24, 27, 28

injan dyrnu ŷd 10, 18
injan yrru 10, 18

loc camlas 11

maint 18, 20, 22
melin ddŵr 26

olwyn Ferris 20
olwyn yrru 6, 7, 17, 19, 22
olwynion 2, 3, 4, 10, 11, 12, 14, 16, 17, 18, 19, 20, 22, 24, 25, 26
olwynion cyswllt 5, 6, 7, 11, 16, 17, 19, 25

sugnydd llwch 8

TEGANAU TECHNOLEG

Yn yr un gyfres:

Weindiadau
Trydan
Liferi

Cyhoeddwyd 1994 gan Ivan Corbett Publishing, Islington Wharf, Penryn, Cernyw.
Cyhoeddwyd yn wreiddiol yn Saesneg 1991 gan A & C Black (Cyhoeddwyr) Cyf., Llundain dan y teitl *Gears*.

ISBN 0–904836–61–4

Darlun gan David Ollerenshaw

Diolchiadau

Hoffai'r ffotograffydd, yr awduron a'r cyhoeddwyr ddiolch i'r canlynol am eu cymorth a'u cydweithrediad: Simone, Nicola, Gehaan, Danny, Arthur, Ashton a staff a disgyblion Ysgol Gynradd Avondale Park, Bwrdeistref Frenhinol Kensington a Chelsea.

Paratowyd yr addasiad Cymraeg gan Berwyn Prys Jones.

UNED IAITH GENEDLAETHOL CYMRU
CBAC/WJEC
NATIONAL LANGUAGE UNIT OF WALES

Cyhoeddwyd dan nawdd Cynllun Llyfrau Darllen Cyd-bwyllgor Addysg Cymru

Cysodwyd gan Elgan Davies, Caerdydd
Argraffwyd yng Ngwlad Belg gan Proost International Book Production.

Hofrennydd

Gwnewch a ffitiwch y gerau er mwyn ichi allu gweithio'r llafn rotor drwy droi dolen ar ochr y model.

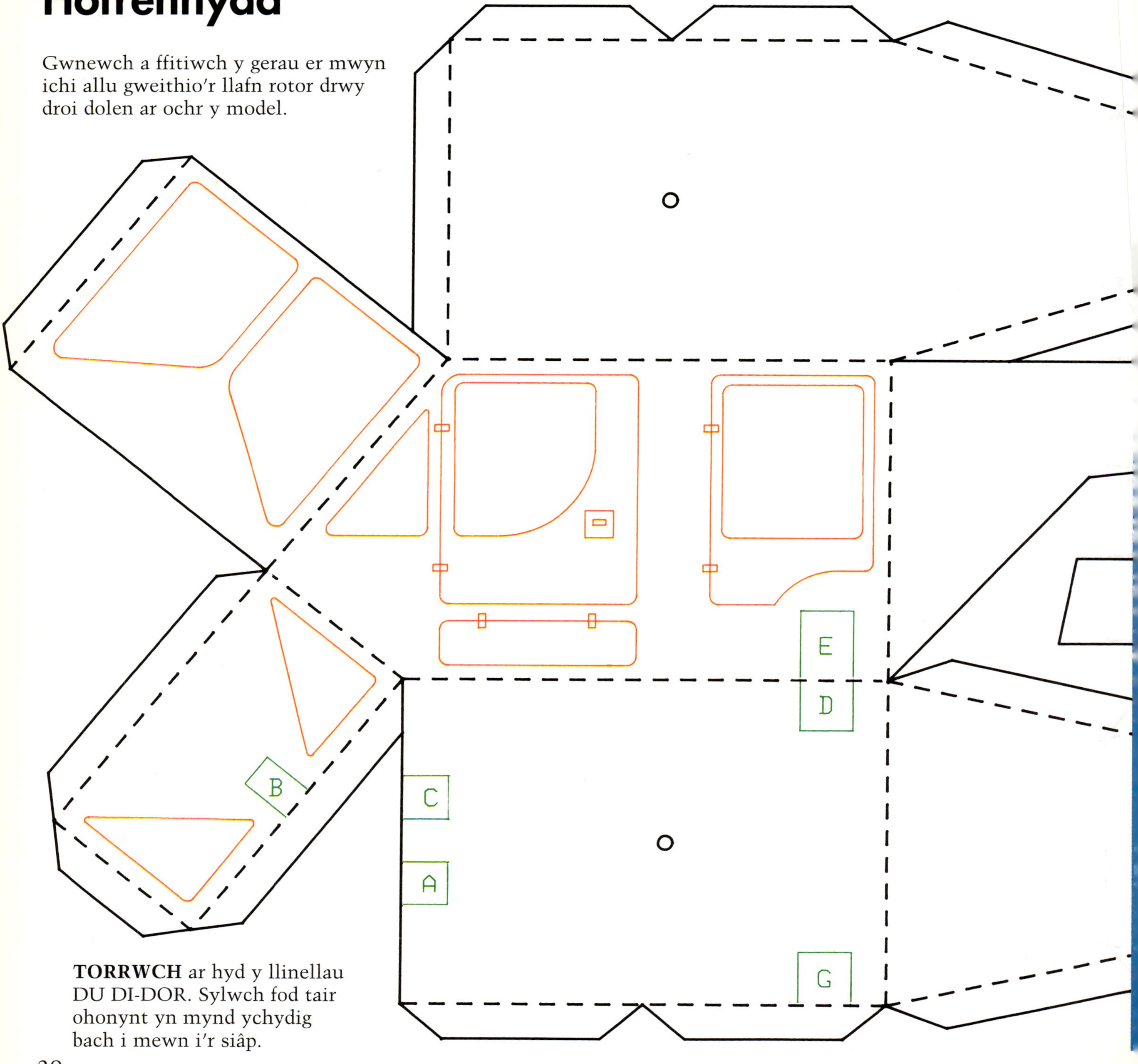

TORRWCH ar hyd y llinellau DU DI-DOR. Sylwch fod tair ohonynt yn mynd ychydig bach i mewn i'r siâp.

DARGOPÏO
Dargopïwch y cynllun ar gerdyn cyn dechrau. Dargopïwch ochr chwith y glasbrint yn gyntaf. Yna, rhowch y naill linell las fertigol ar ben y llall. Yna, ewch ymlaen â'r dargopïo. Dargopïwch y llinellau o ddotiau yn ofalus iawn, yn enwedig lle maent yn dechrau ac yn gorffen. Mae dwy ohonynt yn edrych fel petaent yn syth – ond dydyn nhw ddim!

ADEILADU
Gadawyd un ochr yr hofrennydd allan i'w gwneud yn haws ichi ffitio'r gerau. Rhowch y model wrth ei gilydd ac yna, pan fydd ei hangen arnoch, dargopïwch a thorrwch allan yr ochr sydd ar goll.

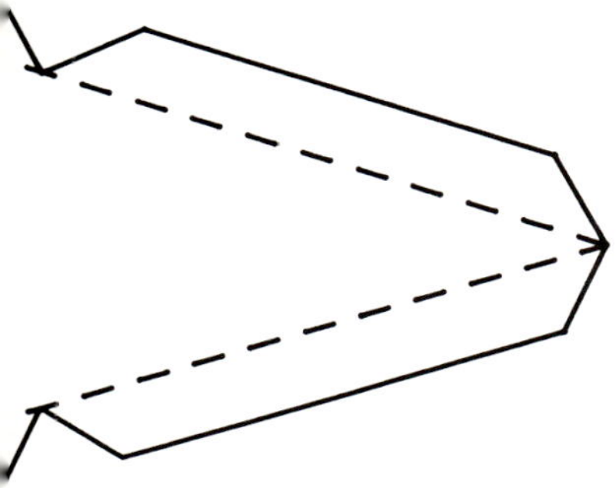

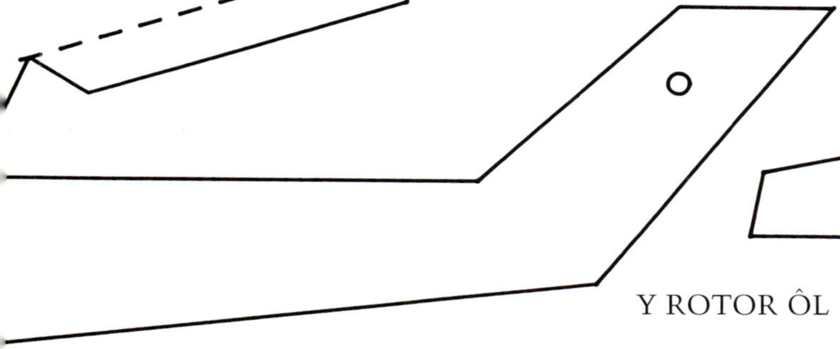

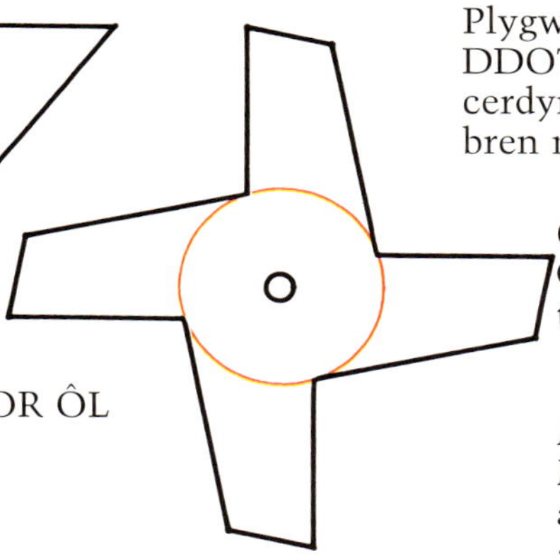

Y ROTOR ÔL

PLYGU
Plygwch ar hyd y llinellau o DDOTIAU DU. Crafwch ar hyd y cerdyn cyn ei blygu. Defnyddiwch bren mesur a sgriwdreifer bach.

GLUDIO
Gludiwch un neu ddau o'r tabiau ar y tro.

ADDURNO
Mae'r LLINELLAU COCH yn awgrymu syniadau ar gyfer addurno (edrychwch ar yr hofrennydd ar dudalen 28).

LLAFN Y ROTOR

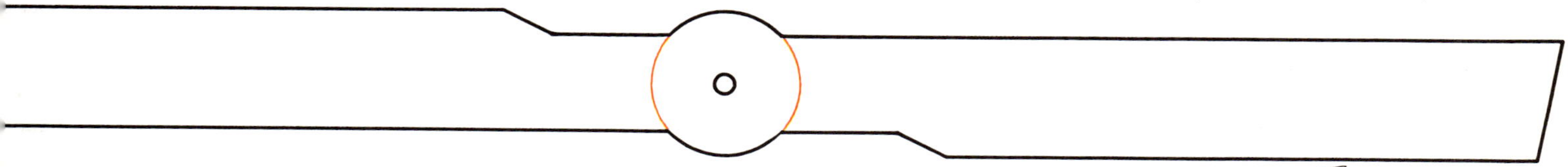

Sut mae plygu'r coesau

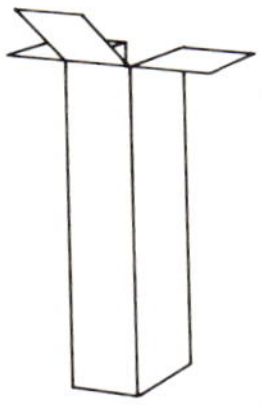

Y COESAU A'R OLWYNION
Mae'r model yn sefyll ar y coesau. Cyplyswch y llythrennau wrth gludio'r tabiau ar y model. Addurniadau'n unig yw'r olwynion.

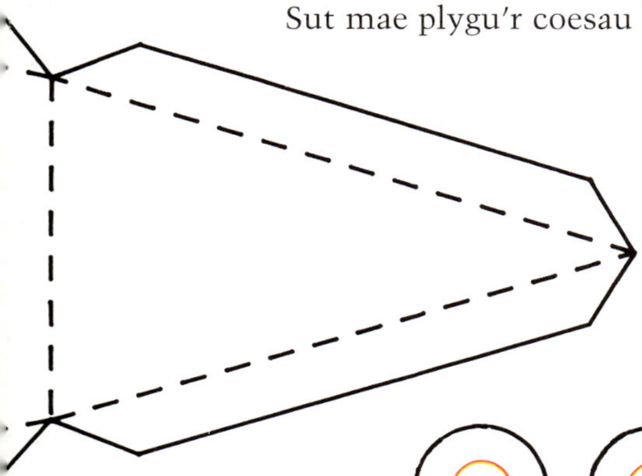

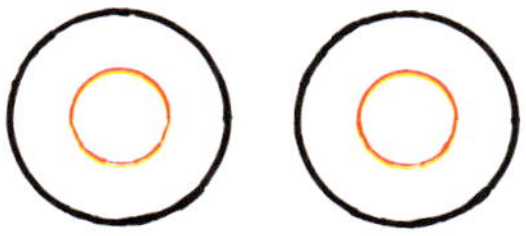

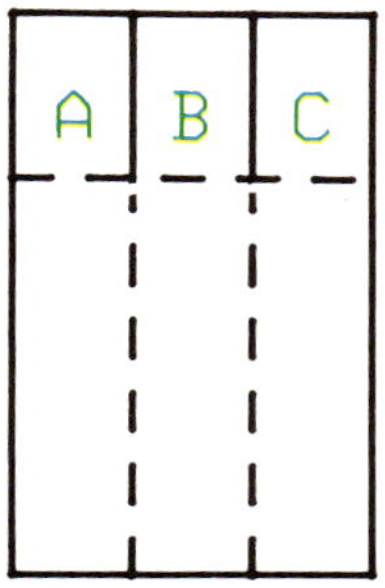

COES Y TRWYN

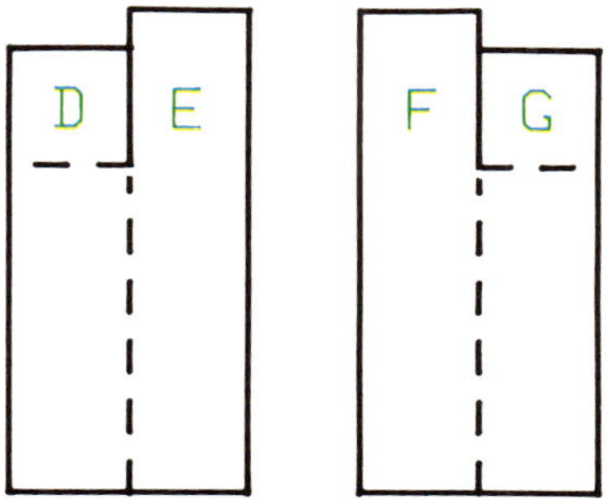

COESAU ÔL

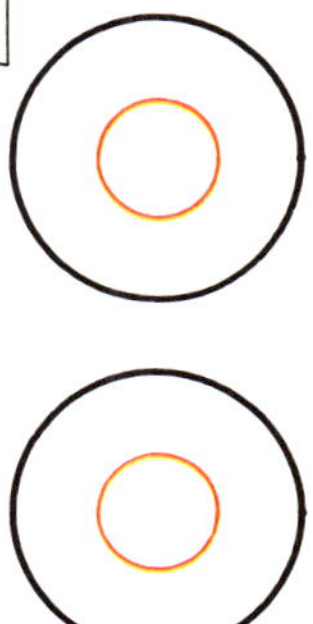

Dyluniad gan David Ollerenshaw

Nodiadau i athrawon a rhieni

Mae pob teitl yn y gyfres hon yn hybu ymchwilio fel ffordd o ddysgu am wyddoniaeth a bod yn wyddonol. Gwahoddir y plant i roi cynnig ar bethau ac i feddwl drostynt eu hunain. Mae'n bwysig dros ben bod plant yn trin y defnyddiau y sonnir amdanynt yn y llyfrau gan mai drwy eu hymchwiliadau gwyddonol eu hunain yn unig y gallant lunio esboniad sy'n gweithio iddyn nhw.

Mae patrwm pob llyfr yn y gyfres hon yn dilyn cylch cynlluniedig o ddysgu. Yn ystod y cam **ymgyfarwyddo**, bydd y plant yn tynnu ar eu profiad wrth roi trefn ar eu syniadau. Mae **archwilio** yn hybu egluro a mireinio syniadau ac yn arwain at **ymchwilio**. Erbyn hynny, bydd y plant wrthi'n profi ac yn cymharu – proses sy'n arwain at ddatblygu, ailstrwythuro a derbyn neu wrthod syniadau. Gellir **adolygu** ar y diwedd neu drwy gydol y gwaith. Bydd y plant yn trafod eu darganfyddiadau ac yn dod i gasgliadau, a hynny, efallai, gan ddefnyddio'r data a gofnodwyd. Yn olaf, mae'r problemau penagored yn cynnig cyfle iddynt **gymhwyso'r** wybodaeth a'r medrau a ddysgwyd.

Wrth ysgrifennu'r llyfrau hyn, rydym wedi tynnu ar ein profiad ymarferol o'r cylch hwn wrth ddewis a threfnu'r gweithgareddau, wrth lunio'r cwestiynau ac wrth benderfynu pryd mae cyflwyno gwybodaeth a geirfa arbenigol a phryd mae crynhoi ac awgrymu cofnodi. Diben defnyddio cymwysiadau o'r byd go-iawn, a chyflwyno'r persbectif hanesyddol, yw annog y plant i gysylltu syniadau.

Ar ddiwedd pob llyfr ceir **glasbrint** sy'n annog y plant i gymhwyso'u haddysg at sefyllfa newydd. Nid oes ateb 'cywir' ynghylch sut mae cael y mecanwaith mewnol i weithio; gellir datrys y broblem mewn amryw byd o ffyrdd a dylid gadael i'r plant ddod o hyd i'w hateb eu hunain.

GERAU

Mae gerau'n rhan o beiriant sy'n gwneud gweithio'n haws drwy reoli egni symud (cinetig). Mae angen grym oherwydd y gall wneud i bethau symud yn gynt neu'n arafach, neu newid cyfeiriad. Mae'r amrywiaeth o ddefnyddiau a ddefnyddir wrth wneud gerau yn y llyfr yn gyfrwng i ymchwilio i syniadau ynglŷn â'r gwahanol briodweddau sy'n peri eu bod yn fwy, neu'n llai, addas at wahanol ddibenion. Ceir agoriadau i ddatblygu syniadau ynglŷn â ffrithiant.

Adnoddau

Y cymorth gorau i blant sy'n defnyddio'r llyfr hwn fydd:

- Casgliad o wahanol ddefnyddiau tebyg i'r rhai y sonnir amdanynt yn y llyfr.
- Blwch o adnoddau sylfaenol megis ffasneri papur, bandiau rwber, a.y.y.b. a defnyddiau sbwriel bob-dydd (i'w storio a'u labelu i'r plant eu cyrchu'n annibynnol).
- Pecynnau adeiladu.
- Casgliadau o deganau a gwrthrychau o'r byd go-iawn.
- Llyfrau a lluniau fydd yn ategu'r gwaith ymchwilio.
- Ymweliadau â mannau lle gallant weld cymwysiadau, ddoe a heddiw.